leise töne!

Rebecca Klein

leise töne!

Gedichtesammlung einer Frau mit Autismus
von 2010 bis 2024

Bibliografische Information der Deutschen Nationalbibliothek
Die Deutsche Nationalbibliothek verzeichnet diese Publikation in
der Deutschen Nationalbibliothek; detaillierte bibliografische Daten
sind im Internet über http://dnb.d-nb.de abrufbar.

Coverbild: Katharina Regner
Foto Rückseite: Jutta Strehle (Rebecca Klein Juni 2023)
Verlag:
BoD · Books on Demand GmbH, Überseering 33,
22297 Hamburg, bod@bod.de
Druck:
Libri Plureos GmbH, Friedensallee 273, 22763 Hamburg
ISBN: 978-3-7693-9895-3

<u>widmungen</u>
aller guten dinge sind drei

für reinhard

begegnung uralter seelen, in der zielgeraden,
in unsichtbaren zeit- und raumlosen dimensionen.
bewusstseinserweiternder austausch
durch heilsame erkenntnisse.
geben ohne zu nehmen
und nehmen ohne zu geben.
danke dir reinhard
so sehr wie du mir.

für simone

babybauch dir verdanke meine inklusionsmeisterin
simone.
durfte deinen sohn julian spüren,
von anfang an. dir widme „leise töne".
da ich durch dich leben lernen durfte.
dammbruch bist für mich,
da ich lautes leben dank dir begreifen kann.
immenses habe durch dich gelernt.
warum „leise töne"?
....da du gagige frau mir bescheiden halfst
viele jahre.
danke

für sabine

dir sabine,
genau dich meine ich,
verdanke ich es
die essenz von trauma und autismus in meinem alltag
zu inkludieren.
auja, dir verdanke ich es,
in eigener bude, mit 24-stunden assistenz zu leben.
du beste assistentin aller zeiten, nachbarin und ewige
freundin

einstimmung

einsall
ist alleins.

allseele
sind alle seelen
das seelenvolk
als menschheitsfamilie,
die tiefen stämme
verzweigen sich in sippen,
die sich widerrum
in familien aufteilen.

als einzelne seele habe ich die riesige aufgabe,
allumfassende liebe
zu verströmen,
um wieder alleins zu sein.

31. dezember 2024
rebecca klein

liebe leser, bin dabei
aber "leise töne" anzuschlagen

Inhaltsverzeichnis

Was ist Gestützte Kommunikation?

Unterstütze (UK) Kommunikation ist etabliert und wird immer mehr angewendet. Die Gestützte Kommunikation ist ein spezieller noch wenig beachteter Teilbereich der UK.

Entdeckt wurde die Gestützte Kommunikation bereits Ende der 1970iger von der Australierin Rosemary Crossley. Sie verwendete den Namen Facilitated Communication (FC).

Diese Technik ermöglicht es Menschen mit schweren körperlichen und kommunikativen Beeinträchtigungen sich durch gestütztes Zeigen auf Bilder oder Buchstaben mitzuteilen.

Eine Person berührt den Betroffenen am Handgelenk, Ellbogen oder an der Schulter. Sie stützt den Körper. Dadurch wird der Körper, dessen Lage im Raum und seine Bewegung vom Beeinträchtigten besser wahrgenommen. Die stützende Person führt niemals die Hand. Sie drückt die Hand von der Bild- oder Buchstabentafel weg. Dieser Gegendruck hilft der gestützten Person die eigene Bewegung gezielter auszuführen. Die stützende Person hält den Druck und gibt bei einer gewissen Stärke nach. So dass, die Person, die gestützt wird, auf das gewünscht Feld zeigen kann.

Anfangs braucht es viel Übung und Ermutigung. Für den Beeinträchtigten ist es eine zaghafte neue Erfahrung sich auszudrücken. Er muss lernen, dass sein Tun eine Wirkung hat. Wenn sein Gegenüber adäquat auf ihn eingeht, kann dies eine neue Dimension des Seins eröffnen.

Es ist erstrebenswert, dass viele verschiedene Personen im Umfeld von kommunikativ eingeschränkten Menschen diese Methode erlernen und FC anbieten können. Doch letztendlich wird immer eine vertrauensvolle Beziehung ausschlaggebend sein, ob der Betroffene sich öffnet und das Angebot wahrnimmt.

schreiben

tanzende buchstaben
eingefangen
und
mit stützender hand
bedeutsam
geordnet
eröffnen
stummen handlungslahmen wesen
das tor zur welt

22. oktober 2010

„der gestützten kommunikation zur ehre“
will dieses gestützte schreiben lebenslänglich, um nie ohne worte
zu sein.

strasse des lebens

sie ist steinig
holprig
löchrig

lass es zu
sie trotzdem zu befahren

nie
kommst du sonst ans ziel
gab ab an stromlinienförmige strasse zu glauben
hinz und kunz sie befahren
ich nicht

alles ist teil eines planes
störe ich euch?
meine pläne sind
hihihi
so labyrinthmäßig klar

13. mai 2013

dornengestrüpp

barrieren sind wie dornen,
sie stechen
mitten ins herz.
wer will denn schon gerne
ausgegrenzt sein?

ohne dieses gestrüpp
aus unzähligen behinderungen
wären wir längst schon enthindert!

doch jede erblühende rose
in diesem gestrüpp
bedeutet barrierefreiheit.

mein traum
irgendwann erwächst daraus
ein rosengarten
in dem ALLE menschen
ihren platz finden
und die barrieren in den köpfen
durch den anblick dieser rosen
verblühen.

29. september 2013
leider lebe immer noch in einer welt voller barrieren

fenster ins licht

x millionen gefühlte verschlossene jahre
gitter aus eisen und stahl
fenster ohne öffnung
undurchdringlich
selbst fürs licht

eines tages kam die liebe
schmolz das gitter
nur ein winziger strahl liebe genügte

böses heiratete gutes
verwandelte sich

gewährte dem strahl einlass
ins nun gitterlose fenster

ein blick aus dem fenster
erhascht das auge
ein paradies
das innen ankommt
urleise durchs auge
in dem es sich spiegelt
liebe heilt

ostern 2015
geschenk für nicole

helfende hände

kaum spürbar
echt hilfreich im einsatz
gütige heilende hände
neutralisieren
meine hilflosigkeit

gänzlich mögen
meine eigene kraft erhöhen
leisten sich hilfen
nur da
wo es nötig ist

dienen mir
und begrenzen mich
haben kindliches
und reifes in mir erkannt

helfende hände
als meine retter
für inklusives wohnen

geliehene hände
um nie nie mehr zurück
ins heim zu müssen
genehme hände
meinen willen
akzeptierend

beseelte hände
hilfreiche seelen
als zubrot

seelenlos
wären diese hände
nur pflegende maschinen

17. april 2015

gewidmet all meinen gütigen assistentinnen

*dauerhafte persönliche assistenz mir neue heilsame erfahrungen
ermöglicht.*
*autistische besonderheiten benötigen advokatorische hilfen durch
kluge dienende menschen.*
heilendes gutes leben dadurch erfahre, ein leben wie alle.

mein glücksalphabet

Aa   autarke autonomie
Bb   beruhigende begegnung
Cc   charmanter charme
Dd   dauerhafte dankbarkeit
Ee   echte entspannung
Ff   freuender frieden
Gg   gutes glück
Hh   hoffende heilung
Ii   immense innigkeit
Jj   jahrelanger jubel
Kk   klare kraft
Ll   lange liebe
Mm   mega mut
Nn   nette nähe
Oo   ober offenheit
Pp   prima pause
Qq   quotenregelnde quicklebendigkeit
Rr   riesige rücksicht
Ss   starke spiritualität
Tt   tausendfacher trost
Uu   ulkige unterstützung
Vv   viel vertrauen
Ww   watte wärme
Xx   x xmal geliebt

Yy   yummi yummi
Zz   zeugende zärtlichkeit

mai 2015

emsige hilfe moms, ermöglichte glücksalphabet,
für heidi

nest

beheimatet war im
nirgendwo
zahlreiche jahre
huschte von ort zu ort
von land zu land
ins nichts

hilflos begriff`s nun
beheimatet
bin nur
in mir selbst
ein sicherer ort
tief verankert in mir
ein wertvoller raum
in dieser großen heimat
aller menschen
in gott.

14. november 2015

gewidmet allen heimatlosen flüchtlingen dieser welt

regentropfen

es tröpfelt
haltlose perlen
tränengleich
ergriffen vom wind

die starke erde
zieht sie in ihren bann
egal was passiert
sie trägt

verwandelt in wolken
unendlicher kreislauf
sonnenstrahlen verleihen glitzernde farben
dank schützendem gott

regnerischer 20. februar 2016

meide nie mehr die widrigkeiten des lebens

auf den hund gekommen

hundeleben
tiefe blicke
die mehr sagen
als worte

sicherheit gebend
blindes vertrauen vermittelnd
getrost auch als hund
treu im geben
verspielt im nehmen

finas gold
ist seine hundeseele
die heilsames in mir vollbringt
bissiger, bellender köter warst nie für mich
sondern kuschliger, sanfter therapiehund

dich mag nie im leben missen
jahrelang fülltest in mir
eine schatzgrube
auf die ich immer zurückgreifen kann

tödliche, furchteinflössende hundeaugen
wurden durch deine therapie
zum unsichtbaren, bezwingbaren schatten
danke fina.

20. august 2016

traumatisierte autistin dankt ihrem therapiehund fina und
seiner führerin sabine

tiefes nebellichten

undurchdringlicher nebel
im kopf
stumme angst

immer öfter
stimmen hören

gerichtet
an mich?

mutter?
vater?
liebende menschen?

ein team von zarten seelen
drang durch
den dichten dichten nebel
zu mir vor

jahrzehntelange geduld
der nebel lichtet sich
immer mehr
immer mehr

januar 2017

autarke ehemals umnachtete rebecca
autismus ist anders als alle denken, ihr werdet noch von mir
hören

tiefes erkennen

einestages werde es begreifen
es gibt einen plan
er ist nur nie deutlich zu lesen
in diesem leben

dieser einmalige arzt
wurde mir zugeteilt
durch eine höhere macht

er erkannte mich
durch alles autistische hindurch
einige wesentliche jahre
durfte ihn behalten

in dankbarkeit
bin ihm verbunden
durch eine unsichtbare schnur

so wie er
wird mich keiner mehr erkennen

es ist nicht mehr nötig
danke ihnen
danke ihnen so sehr doktor schanze
danke!

februar 2017

hallo doc, hi medizimann, hihi schanzemann danke ihnen für
diese wertvollen jahre in meinem leben. ihre hilfe ist
unbezahlbar gewesen. hihihi giere zwar nie nach psychiatern,
aber sie habe so so so so so sehr gebraucht.

9 monate nach dem abschied,
es wird neues geboren.
autismus ist anders als man denkt.

lebenslabyrinth

du bist teil
eines plans
eines großen
göttlichen plans

trotz aller schmerzvollen irrwege
begleitet er dich durchs leben
die sinnhaftigkeit aller erfahrungen
erfüllt dich
lindert urängste

am ende ist alles gut

mai 2017

trauminsel

ich hatte einen traum
es gab eine insel
mitten in meinem zukünftigen heimatort
da war ich eingebettet
in eine klare gemeinschaft
aus menschen im grünen bereich

dort lebten betagte wesen und heilsame kinder
auch menschen aus der ferne
glaubende und suchende
am körper oder an der seele leidende
auch solche mit gesegneter gesundheit
oder am lebensende

es war möglich
vertrauen zu haben
es war möglich
besonders zu sein
alle gehörten halt dazu
auch wir menschen mit behinderung

ich teilte dort mein nest
mit stummen seelenverwandten
restlos heilsame assistenten
waren unsere hilfreichen gefährten
tag und nacht

die innerlich freieren nachbarn
sahen unsere besonderheiten
als teil des ganzen

mein traum ging weiter
irgendwann gab es viele inseln
verbindende brücken halfen
gemeinsam statt einsam zu leben

ich erwachte
um zu begreifen
der traum wird wahr
will nur noch ein leben
„daheim statt im heim"

(februar 2008) notwendige veränderung august 2017

stumme frau mit autistischen besonderheiten
bisher behördlich geführt als schwerbehindert
grad der behinderung 100,
pflegegrad 5: schwerste beeinträchtigung der selbstständigkeit
oder der fähigkeiten, mit besonderen anforderungen an die
pflegerische versorgung.

tsunami

brodelnder vulkan
bebende erde
hurrikan
tornado
alles in mir
hass!
wut!
zorn!
groll!
wer will es mir verdenken?

über 14 lange jahre wurde ich doch übersehen
seit ich denken kann wurde verkannt
unsichtbar mein geist

im nebel die verbrechen

hahaha
ihr gütigen menschen
wo wart ihr gönnerhaften retter?
ihr pädagogen und pfleger
ihr eltern, ihr therapeuten, ihr ärzte

ihr meintet es tatsächlich gut mit mir!
doch niemand von euch hat die an mir
begangenen verbrechen bemerkt.

stattdessen

entwicklungsverzögert
geistig behindert
autistisch
zwanghaft
stumm
aggressiv

physiotherapeuten und ergotherapeuten wollten mich
handeln lehren,
obwohl es mir verboten war

lehrer mich minimal bilden,
obwohl ich alles begriff

sozialpädagogen mich lieber im heim sehen
hihihi, dort sind doch super profis

ärzte und psychologen mich in schubladen stecken,
um mich zu behandeln???

pfleger und erzieher mir nest bereiten
ohne mich je danach zu fragen,
ob ich es so will.

zugegeben, die verbrecher tarnten es perfekt,
um euch nichts merken zu lassen.

jetzt wisst ihr aber bescheid!
es gibt heimliche verbrechen die ihr nicht wahrnehmt

ich bin schon lange in sicherheit
bitte euch eindringlich!
vergesst die kinder nicht,
die jetzt
in diesem augenblick
unsagbares leid erfahren
hier in deutschland
überall

01. oktober 2017

immens wütende frau

tiefes spiegeln

leiser blick in dein gesicht
warum hältst du mir den spiegel vor?

hier bin ich ich ich
dort bist du du du

eins ist mir klar
anja
du spiegelst meine seele

nie vorher im leben
jemand so nahe war
ein blick
und wir erkennen uns
seelenzwilling bist

verdanke dir unendlich gutes
eins habe ich gelernt

heilende freundschaft ist möglich
du und ich
wir und ihr
spiegeln uns

um
zu heilen
und die grenzen
der anderen
aus tiefer liebe zu erkennen

oktober 2017

deine seelenverwandte freundin rebecca
an deinem 40. geburtstag

normgerechtes leben

dir verdanke eins
ein leben wie alle
alleine in eigener bude
mit assistenz
erlebe es

du bist mir innen
sehr ähnlich
riesige hilfen
mir dadurch ermöglichst

echte inklusion
ist`s nur so

danke
für die langen gespräche
die tiefe beratung
als meine wertvollste helferin
die ich je hatte
für dieses leben
in genehmer
eigner häuslichkeit

bine
sabine
danke
meiner gütigen assistentin
und meiner hilfsbereiten nachbarin

in freundschaft rebecca

11. november 2017

bin so froh, dass du alle assistenten so gut berätst
als unbezahlbares beibrot

persillernen

persilschein überreiche meinen lehrern
affengeiles lernen
über´s gute leben heilt

kindheit ist doch lange vorbei
fleissig üben möchte
alles gute in mir zu bewahren

alles ist wertvoll
was das leben erhellt

farben sah als baby bei mutter
farben sehe als erwachsene bei assistenten

axt ihr nie nehmt
um mich zu belehren
liebevolle honigstimmen meine ohren berühren

köstliches leben
meine stillen helfer
durch meinen willen mir schenken
übern tellerrand so sehen kann
das leben ist auch hell und bunt

august 2018
rebecca und ihre blumen

regenbogenfarbene töne

leise
bsbsbs
hört zu
hört ihr sie klimpern?

sie klimmen hinauf
kichernd und ohne angst
besteigen sie den regenbogen
c d e f g a h c
um
voller freude
klirrend hinabzupurzeln
c h a g f e d c

sie vermischen sich
mit diesen herrlichen farben
seht ihr sie?
zwischentöne
sind nie zu überhören

erst tonlos
dann langsam aufbauend
dur oder moll
quengelig, quirlig, sanft oder laut
gar herrlich anzuhören
und bunt zu bestaunen

heilsame
spektralfarbene töne
ich danke euch
farbenfrohes leben
wäre ohne euch
nur halb so schön

oktober 2018

meiner musiktherapeutin gewidmet

mia fliegt

hört ihr sie lachen?
sie tanzt und singt
vor glück
reist von ort zu ort
um abschied
einzuläuten

bitte
lasst sie ziehen!

ihr seid doch eh nie getrennt
die liebe
verbindet eine seelenfamilie
für alle zeiten

angekommen am 11. februar 1991
gegangen am 21. februar 2019

um allen, die sie kennen lernen durften
zu lehren, was liebe ist.

februar 2019

gewidmet mia, ulrike, wolfgang und moritz

monsun

lügengebäude bricht
komplett in sich zusammen
wut!
angst!
schmerz!
ungelebtes leben
verlorene jahre

einsicht gewonnen
zeit verloren

quatsch,

ich bin`s,
so bin ich
zerrissenheit
will in mir ehren.

kann eins nie

diese zeit böser gedanken
hinter mir lassen,
ohne trauer

kühn will ich
mich ihr stellen,
dann erst
bin ich frei.

ungeweinte tränen,
wo bleibt ihr?
eingefroren
langsam auftauend
als monsunregen

blutende tränen
verwandeln sich
in leben.

09. märz 2019

trau niemand ausser dir selbst

fall bin
aha, ein fall
falle auf
falls ihr überhaupt hinseht!
verfalle
ohne je gesehen zu werden?
verfallsdatum 08.07.2019

aber ihr täuscht euch
bis ich verfallen bin
falle mehr auf als euch recht ist
ich bin dies
meinen seelenverwandten freunden
mit schwersten behinderungen
schuldig
schuld?
nein, schuldlos

08. juli 2019

macht macht was

rabenmacht ist zerstörend
machtmissbrauch ist so so vernichtend

macht macht macht

machtmenschen
machtvoller blick
machtvolle aussage
machtmissbrauch ist macht
die, die macht missbraucht

macht und ohnmacht

ohnmacht ist verheerend
ohnmacht ist erlebte folter
folter die ins „lebe so, nie so", geht

übermacht ist unsagbar gewaltvoll

bitte alle mächtigen
ohnmacht anstandshalber zu verhindern!

macht die gutes bewirkt
ist stilreicher helfer
um eine bessere welt zu schaffen.

ihr machthaber habt darüber die macht
macht mal

24. november 2019

zur ohnmächtigkeit verdammt durch schwerste behinderung,
nur vertrauen kann diese lindern.
autarke und autonome rebecca im geiste.

frauenlos

los der frauen
losloslos

loslassen
lasst endlich los
lasst los

lach mich tot
los ist los
kann es ziehen
oder nicht

los geht`s
frauen, los geht`s
ihr seid dran!

gernefraurebecca
frauenleiderrei ließ los

24. november 2019

frauenlose männer halbe portionen sind!

total tot

tote in mir erwachen
sanft aus dem nebel aufsteigen
eingefrorene gefühle
tauen auf

total tot

erstmals sehende augen,
erstmals hörende ohren
handelnde hände
stummes lautvolles reden

total tot

leises sehen und hören und handeln und reden
lässt hoffen
auf lebendiges

total tot

vielseitige rebecca
24. november 2019

lachmichtot

frohnatur
lachamlechfrau
freudenempfängerin
lacher und lächeln
mumm zu leben
mackentoleriererin
kicherndes
lachmichtot
narr unter narren
gütige lacher
und alberne gaggerer
lusthabeauflebenrebecca

24. november 2019

auja, bin auch frohnaturrebecca

tiefes kennen

lacher sind mir gewiss
kühne tripps
pannen mit eingeplant
akkuratsein ist dir fremd

fein ist`s trotzdem immer
lehrreich ebenso
fantastische erfahrungen
ulkige abende
tiefes kennen
und erkennen

farbenfrohe stunden
mit dir simone verbringe
falls es jemand interessiert
inklusionsmeisterin bist

kaum jemand ist mir je
so nahe gekommen
purzelbaum, purzelbaum
purzelbäume schlage
aujas rufe

bin sicher und frei
leicht und gagig
bei dir

kriseliges ist dir
nie nie nie zuviel
sanft und sicher
lenkst mich durch

simone, nehme dich an
wie du mich

25. november 2019

ganz tiefes leben dir verdanke!

zeitenwandel

fein oder schwer!
grob oder leicht!
gutes und böses - drehendes rad der zeiten

willig und willenlos
erkenne eins
langer übender weg
sowohl vor, als auch hinter mir liegt

verstehe
er führt ins licht!

25. april 2020

*für reinhard, der mir zwischendurch den weg weist, inmitten
dieser coronamageren zeit!*

dankende rebecca

maskerade

sichtbare masken
überall – weltweit
lach mich tot

unsichtbare masken
trugen wir eh
lach mich tot

zeit wurde es
dazu zu stehen
lach mich tot

freiheit
wir verschenken
lach mich tot

unsichtbare fesseln
uns immer umwoben
weine

mut gehört dazu
gegen den strom zu schwimmen
weine

angsterfüllte augen sah
weine

kopflos sind schon lange
weine

doch chancen sehe
maskerade
muss ein für alle mal vorbei sein!

gesichtslos sind wir zwar
chancenlos aber nicht!

die aura
verbirgt sich nie
gute menschen erkennen sich
um die welt zu verändern

die menschheit
befreit sich von masken
das böse verschwindet
die liebe bleibt.

mai 2020

maskentragende autistin
tod ist nie tot

lach mich an

lächelndes gesicht
lustiges gesicht
lachnummer ist`s nie
lust
auf lustiges
zu haben

lachen ist gesund
bade in lachern
verborgenes lachen
lähmt

lebe lange
in lachender welt
durch lustige
tiefe menschen

durch masken
vergeht mir
das lachen!

januar 2021

auf ein hoffentlich lachendes jahr, lachende autistin

glashaus

wer im glashaus sitzt,
soll nicht mit steinen werfen?

milchig?
nein – glasklar
durchsichtig
lichtdurchflutet

gefangene
im eigenen haus
häuslich?
nein – hause!
klarsichtig
möchte raus

steine werfe
zersplittert

in tausend scherben
glaskugeln formen sich
und fliegen mit mir
spektralfarben
gen himmel

autistischer, doch gläserner mensch
ich habe noch vieles zu klären
corona schafft klarheit

31. januar 2021

krone

aja, klar in der birne bin
habe keinen in der krone

gekrönt wurde nie in diesem leben
fand es auch nicht nötig
kronen tragen herrscher
ich herrsche nicht mal über mich selbst

kaum zu glauben
krönung ist corona
habe eins begriffen
kranke welt
entkront sich selbst

daraus wächst etwas
einer trug vor langer zeit eine dornenkrone
aus liebe zu uns menschen
lange bevor es uns allen bewusst wird
heilen durch diese offenbarungen

nichts bleibt verborgen
wirklich gar nichts
jahrelang verborgene machtgier
habgier

unterdrückte angst
menschenverachtung
lausiges denunziantentum
verborgene gesichter
tiefe gräben
abstand abstand abstand halten

aha
unsere inneren verschmutzungen
wird das beste desinfektionsmittel nicht eleminieren

isoliert weiter die schwächsten der schwachen
da wird eure mangelnde liebe offenbar
kinder sind unsere zukunft?
denkt doch mal quer

21. märz 2021

rebecca klein
autistische kreuz und quer denkerin

anfang oder ende?

anfangsverdacht habe…
anfangs...ach ne,
am anfang stand das wort
endlos tüftle
ist ein ende in sicht?
dieses ende
wurde von anbeginn an mit gedacht

endlich
anfange darüber nachzudenken

halt!

es gibt was dazwischen
lest zwischen den zeilen
auf dauer steht hier am meisten

anfange zu begreifen
eine endlosschleife beweist,
dass es weder anfang noch ende gibt

ende ist in sicht
anfange zu beenden

anfang ende
anfan   end
anfa   en
anf   e
an

aaannn ???
anfangsverdacht habe …
anfangs...ach ne,
am anfang stand das wort...

1. april 2021

als nicht sprechende autistin liebe ich es endlos zu
schreiben. ohne anfang oder ende.

geimpft

aja, womit?

mit restloser angst?
mit erpressung?
mit trrrrrrrrrruuuuuuuuuuuuschlüssen?
mit hhhhhhhhhhorrormeldungen?
mit maaaaaaaaaaligner gehirnwäschhhhhhhhhe?
mit verboten?
mit dddddddddddollarnoten?
mit zeugen der verstummten maulkorbträger?

tacheles rede
ich lasse mich nicht infizieren!
bin frau die gottvertrauen hat
achne, ich bleibe gesund

13. mai 2021

die geimpfte und ungeimpfte

engel

bleib stehn
lausche
sie flüstern
hüben sind und hier gleichermaßen

urtrank ist`s
- lach nicht -
für deine seele
dank deines geistes
sehen dich
bleib offen!

punktgenau dir beistehen
lass es zu
so bist du mensch
niemals allein

umgeben von engeln
alle zeit

5. juni 2021

gedankengebäude

übers autarke denken
dachtest du jemals ans denken?

na na, eben erst?
durchdacht habe alle denkstörungen.
stolz darf querdenken.
lach dir die logik an!

gäbe es nur einen gedanken
wäre nur denkfaulen geholfen
erst die gedankenvielfalt beheimatet dein bewusstsein
zu einem ort, der restlos klar wird
warum?
durchs strukturieren bewegen sich diese gedanken
auf ihren platz
aufgeben sich zu verflüchtigen
aufstand!
irres gedankengut naseweiser menschen
aufdecken!

denkfehler sind`s und geplante dunkle gedanken
bewusstsein ist ein geist der dauerhaft klar ist
ein denkanstoss

weisser sonntag, 16. april 2023

freiheit

freiheit
nimm sie dir
handle gutes
sei wahrhaftig

fühle liebe
die nicht begrenzt
umarme diese erde
als einen ort
voller hoffnung

auf ein wiedersehen
aller seelen
in ewiger ruhe.

31. Dezember 2024

in großer dankbarkeit
rebecca

schlussworte von rebecca klein

bitte liebe menschen vergesst uns nicht! liebes bisschen, es ist ernst. durch und durch und durch und durch sind wir doch angewiesen auf hilfen. hilftst mir, bin ich wer. hilfst mir nicht, bin ich nichts. ganz so fühlt es sich an.

nettes mitleid ist demütigend. wir sind auch wer, wir menschen mit schwersten kommunikativen beeinträchtigungen. aha, ich bin deren ungewählte sprecherin. bin mal dazu aufgerufen.

eins ist mir klar geworden. heute lernte ich, mann oh mann, dazu. wir menschen sind so aufeinander angewiesen. ich persönlich merke es so, so, so stark durch ausfälle meiner assistentinnen. ich bin dann ohne ein eigenes leben. ohne die möglichkeit mich mitzuteilen, bin ich verloren im getriebe der behindertenindustrie.

diese setzt kaltblütig auf angehörige. beheimatet bin immens bei mir selber, aber das verdanke ich der jahrzehntelangen liebe meiner mutter. bitte vergesst auch nie die angehörige.
ade, ade, ade.

Weitere Veröffentlichungen von Rebecca Klein
sind im deutschen Sprachraum sowohl im Buchhandel als auch
über den Internet Buchhandel (wie amazon, bol.de, libri.de)
erhältlich.

leinen los ins leben, isbn 3-8311-4671-3

tanzendes glück, isbn 978-3-8391-1956-3

sattes mageres leben, isbn 978-3-7448-8111-1

inklusion ein menschenrecht! (Bezug über Autorin)

fc – mal ganz privat (Bezug über Autorin)

musikalisches hörbuch „tanzendes glück" von rebecca klein
und lisa schamberger (Bezug über Autorin)

Internetseite
www.petzemal.de

E-Mail
rebecca-klein-trauminsel@t-online.de